ହେ ଜୀବନ !

ହେ ଜୀବନ !

ଲିଙ୍ଗରାଜ ରଥ

ବ୍ଲାକ୍ ଇଗଲ୍ ବୁକ୍ସ
ଭୁବନେଶ୍ୱର, ଓଡ଼ିଶା
BLACK EAGLE BOOKS
Dublin, USA

ହେ ଜୀବନ ! / ଲିଙ୍ଗରାଜ ରଥ

ବ୍ଲାକ୍ ଈଗଲ୍ ବୁକ୍ସ : ଭୁବନେଶ୍ୱର, ଓଡ଼ିଶା ● ଡବ୍ଲିନ୍, ଯୁକ୍ତରାଷ୍ଟ୍ର ଆମେରିକା

BLACK EAGLE BOOKS

USA address:
7464 Wisdom Lane
Dublin, OH 43016

India address:
E/312, Trident Galaxy, Kalinga Nagar,
Bhubaneswar-751003, Odisha, India

E-mail: info@blackeaglebooks.org
Website: www.blackeaglebooks.org

First International Edition Published by
BLACK EAGLE BOOKS, 2023

HE JEEBAN!
by **Lingaraj Rath**

Copyright © **Lingaraj Rath**

All rights reserved. No part of this publication may be reproduced, stored in a retrieval system, or transmitted, in any form or by any means, electronic, mechanical, photocopying, recording or otherwise without the prior permission of the publisher.

Cover & Interior Design: Ezy's Publication

ISBN- 978-1-64560-469-3 (Paperback)

Printed in India

ଉତ୍ସର୍ଗ

ବାଲ୍ୟକାଳରେ ଶିକ୍ଷାଦାନ କରି ମୋର ଜୀବନ ଗଢ଼ିଥିବା ଏବଂ ପ୍ରଥମ ବୃତ୍ତି ପରୀକ୍ଷାରେ ସଫଳ କରାଇ ଆଗକୁ ବଢ଼ିବାର ପ୍ରେରଣା ଦେଇଥିବା ମୋର ପୂଜ୍ୟ ଶିକ୍ଷକ ଶ୍ରୀଯୁକ୍ତ ଜୟକୃଷ୍ଣ ରଥ ଏବଂ ତାଙ୍କର ସହଧର୍ମିଣୀ ଶ୍ରୀମତୀ ଶଶିରେଖା ରଥଙ୍କୁ ପରମ ଶ୍ରଦ୍ଧା ଓ ଭକ୍ତିର ସହ...

— ଲିଙ୍ଗରାଜ ରଥ

'ହେ ଜୀବନ' କବିତା ସଂକଳନ ସମ୍ପର୍କରେ

ବଂଶୀଧର ଷଡ଼ଙ୍ଗୀ

ଓଡ଼ିଆ କବିତାର ପରଂପରା ସୁଦୀର୍ଘ। ଚର୍ଯ୍ୟାପଦର କବିମାନଙ୍କ ଠାରୁ ଆରମ୍ଭ କରି ସାରଳା, ପଂଚସଖା, ରୀତିଯୁଗ, ଆଧୁନିକ ତଥା ସବୁଜ ଯୁଗର କବିମାନଙ୍କ କବିତାରେ ଛନ୍ଦ, ଗୀତିମୟତା, ଅଳଙ୍କାର ଆଦି ବଳିଷ୍ଠ ଉପାଦାନ। ଉପେନ୍ଦ୍ର ଭଂଜ, ଅଭିମନ୍ୟୁ ସାମନ୍ତସିଂହାର, ଦୀନକୃଷ୍ଣ, ଗୋପାଳକୃଷ୍ଣ, ବନମାଳୀ ଆଦି କବିମାନଙ୍କ କବିତାରେ ରାଗ ଏବଂ ଅଳଙ୍କାରର ଅଭୂତପୂର୍ବ ସମନ୍ୱୟ ଦେଖିବାକୁ ମିଳେ। ବର୍ତ୍ତମାନ ସମୟରେ ମୁକ୍ତଛନ୍ଦ ଏବଂ ଗୀତିକବିତା-ଏହିପରି ଦୁଇ ପ୍ରକାରର କବିତା ଲିଖନ ହୋଇଚାଲିଛି। ଆଧୁନିକ ମୁକ୍ତଛନ୍ଦ କବିତାକୁ ବିଶ୍ଳେଷଣ କଲେ ସେଥିରେ ଅନ୍ତର୍ନିହିତ ଛନ୍ଦବଦ୍ଧତା ଲକ୍ଷ୍ୟ କରାଯାଇପାରେ। ସେମିତି ବର୍ତ୍ତମାନର ଗୀତିକବିତା ଏବେ ରାଗ କିମ୍ବା ଅଳଂକାରାଶ୍ରୟୀ ନୁହେଁ। ବିବିଧ କଥାବସ୍ତୁ ଏବଂ ଭାବକୁ ନେଇ ଉଭୟ କବିତା ଲେଖା ହୋଇ ନିଜର ସ୍ଥିତି ଜାହିର କରି ଚାଲିଛନ୍ତି। ସୁଖର କଥା, କବି ଡ. ଲିଙ୍ଗରାଜ ରଥ ଉଭୟ ପ୍ରକାରର କବିତା ଲିଖନରେ ସ୍ୱଚ୍ଛନ୍ଦ। ଆଗରୁ ତାଙ୍କର ମୁକ୍ତଛନ୍ଦର କବିତା କିଛି ପଢ଼ିଥିଲି। ଏବେ ତାଙ୍କର 'ହେ ଜୀବନ' କବିତା ସଂକଳନର ପାଣ୍ଡୁଲିପିଟି ମୋ ହାତରେ। ଜୀବନକୁ ଆଧାର କରି ସୂକ୍ଷ୍ମ ଅବବୋଧପୂର୍ଣ୍ଣ ଏହି କବିତାଗୁଡ଼ିକ। ସଂକଳନରେ କ୍ଷୁଦ୍ରକ୍ଷୁଦ୍ର ମୋଟ ଶହେ ତିରିଶ ଗୋଟି କବିତା ସନ୍ନିବେଶିତ। ଡ. ରଥ ଖୁବ୍ ସହଜ ଭାଷାରେ ଜୀବନ ଦର୍ଶନର ଜଟିଳଭାବକୁ ବ୍ୟଂଜିତ କରିବାର ଚେଷ୍ଟା କରିଛନ୍ତି ଏବଂ ସଫଳ ମଧ୍ୟ ହୋଇଛନ୍ତି।

ବ୍ୟକ୍ତିନିଷ୍ଠ ବିଷୟବସ୍ତୁକୁ ପରିତ୍ୟାଗ କରି କବିତାର ଭାବ ଯେବେ ବସ୍ତୁନିଷ୍ଠ ବିଷୟାବଳୀ ସହ ସଂଯୁକ୍ତ ହୁଏ, ତେବେ ତାହା ସମସ୍ତଙ୍କ ହୃଦୟକୁ ସ୍ପର୍ଶ କରିପାରିବାର ସାମର୍ଥ୍ୟ ରଖେ। ଜୀବନ କହିଲେ ଯେଉଁ ବ୍ୟାପ୍ତି, ଯେଉଁ ରହସ୍ୟମୟ ଅବବୋଧକୁ

ଇଂଗିତ କରେ, ତାକୁ କବିତାର ବିଷୟବସ୍ତୁ କରିପାରିଲେ, ତାହା ପ୍ରତ୍ୟେକଙ୍କ ଅନ୍ତର୍ମନକୁ ସ୍ପର୍ଶ କରିପାରେ। ଡ. ରଥ, ତାଙ୍କର ଏହି କବିତା ସଂକଳନରେ ଜୀବନର ଅନେକ ଅବ୍ୟକ୍ତ ଅନୁଭବକୁ ଛୋଟଛୋଟ ସ୍ତବନ ମାଧ୍ୟମରେ ପରିପ୍ରକାଶ କରିଛନ୍ତି। ଜୀବନକୁ ଏକ ଦାର୍ଶନିକର ଦୃଷ୍ଟିଭଙ୍ଗୀରେ ଦେଖି ଦେଖାଇବାକୁ ଚେଷ୍ଟା କରିଛନ୍ତି। ତାଙ୍କ କାବ୍ୟ-ସ୍ୱରରେ ବୈଦିକ ଋଷିତୁଲ୍ୟ ନିର୍ଲିପ୍ତତା ଲକ୍ଷ୍ୟ କରାଯାଇପାରେ। ଦୁଃଖ-ସୁଖ, ସ୍ୱପ୍ନ-ସ୍ୱପ୍ନ ଭଂଗ, ଜୀବନ-ମୃତ୍ୟୁ ଆଦି ଅନେକ ଅବବୋଧ ଅଛି ଏ କବିତା ମାନଙ୍କରେ। ମାତ୍ର ଏସବୁର ଅଳୀକତାଠାରୁ ନିଜକୁ ବିଛିନ୍ନ କରି ଏକ ଉର୍ଦ୍ଧ୍ୱ ସ୍ତରରେ, ଏକ ସକାରାତ୍ମକ ସାର୍ଥକ ଦୃଷ୍ଟିଭଙ୍ଗୀ ସହ ଜୀବନକୁ ସାମ୍ନା କରିବାର ଆହ୍ୱାନ ବି ଅଛି। ଖୁବ୍ ସହଜ ସରଳ ଶବ୍ଦ ଏବଂ ଶୈଳୀ। ମାତ୍ର ଏହାର ପ୍ରଭାବ ଗଭୀର।

ଡ. ରଥଙ୍କ ଏହି ସଂକଳନସ୍ଥ କେତେଗୁଡ଼ିଏ ପଂକ୍ତି ଆନ୍ଦୋଳିତ କଲା। ଏଇ ଯେମିତି-

୧) ଜୀବନ ବେଳାରେ ସୁଖର ଢେଉଟି
ସଦା ଆସେ ନାହିଁ ଫେରି
ହରଷ କାଳର ମଧୁର ସ୍ମୃତିଟି
ସଦା ପଡ଼େ ମନେ ଝରି (୧୧)

୨) ହସିଲା ମୁହଁରୁ ବୁଝନା ବଂଧୁ
ଦୁଃଖ ଯାଇଛି ଚାଲି
ଏତିକି ବୁଝିବ ଦୁଃଖକୁ ସିଏ
ହସରେ ଦେଇଛି ଗୋଳି (୯)

୩) ସବୁ ସୂତ୍ରର ଊର୍ଦ୍ଧ୍ୱରେ ଥାଇ
ସବୁ ନିୟମକୁ ପଛରେ ପକାଇ
ଜୀବନ ତ' ଏକ ନୀଡ଼ଟିଏ
କେବେ ହସି ପୁଣି କେବେ ବି ବିଳପି
ରହିଥାଏ ସେଠି ପକ୍ଷୀଟିଏ (୬୩)

ସଂକଳନ 'ହେ ଜୀବନ' ପାଠକୀୟ ଆଦୃତି ଲାଭ କରି ସଫଳତା ଅର୍ଜନ କରୁ, ଏହା ହିଁ କାମନା।

"କବିତା ଘର", ଗୁହାଳପଡ଼ା, ନିମାପଡ଼ା, ପୁରୀ-୬

ନିଜ କଥା

କବି ଓ କବିତା ଉପରେ ଆଧାରିତ ମୋର ଅଣୁ କବିତା ପୁସ୍ତକ 'କବିତା ଏକଶତ' ଏବଂ ଏହାର ଇଂରାଜୀ ଅନୁବାଦ 'Hundred Poems on Poet and Poetry' ପ୍ରକାଶିତ ହେଲାପରେ 'ଜୀବନ' ଆଧାରିତ ଏକ ଅଣୁ କବିତା ପୁସ୍ତକ ପ୍ରକାଶ କରିବା ପାଇଁ ମୋତେ ଅନେକ ସାହିତ୍ୟିକ ବଂଧୁ ପ୍ରସ୍ତାବ ଦେଇଥିଲେ। ବିଶେଷତଃ ମିନି ସୃଜନୀର ସାହିତ୍ୟପତ୍ର 'ଚନ୍ଦନ'ରେ ମୋର କେତେକ କ୍ଷୁଦ୍ର କବିତା ପ୍ରକାଶିତ ହେଲାପରେ ମୋର ବଂଧୁ ସାହିତ୍ୟିକ ବୈଷ୍ଣବ ମହାନ୍ତି କବିତା ଗୁଡ଼ିକର ପ୍ରଶଂସା କରିବା ସହିତ ଏଭଳି ଅଧିକ କବିତା ଲେଖିବାକୁ ପ୍ରୋତ୍ସାହିତ କରିଥିଲେ। ଏହାପରେ ପ୍ରକାଶ 'ଧରିତ୍ରୀ' ଓ ଅନ୍ୟ କେତେକ ପତ୍ରପତ୍ରିକାରେ ମୋର ମିନିକବିତା ପ୍ରକାଶ ପାଇଲାପରେ ପାଠକ ତଥା ସାହିତ୍ୟିକ ମାନଙ୍କ ମନରେଏ ପ୍ରକାର କବିତା ପାଇଁ ଆଗ୍ରହ ଓ ଭଲପାଇବା ଅଛି ବୋଲି ଅନୁଭବ କଲି। ତେଣୁ ମୁଁ ପୂର୍ବରୁ ଲେଖିଥିବା ତଥା ବିଭିନ୍ନ ପୁସ୍ତକ ଓ ପତ୍ରପତ୍ରିକାରେ ପ୍ରକାଶିତ ହୋଇଥିବା ଏବଂ ସଦ୍ୟ ଲେଖାଯାଇଥିବା ଜୀବନ-ସମ୍ବନ୍ଧୀୟ କବିତା ଗୁଡ଼ିକୁ ନେଇ 'ହେ ଜୀବନ' ନାମରେ ୧୩୦ଟି କବିତାର ଏକ ସଂକଳନ ପ୍ରକାଶ କରିବାକୁ ସ୍ଥିର କଲି।

ଏ ସଂକଳନର ବିଭିନ୍ନ କବିତାରେ 'ଜୀବନ'କୁ ଭିନ୍ନଭିନ୍ନ ଦୃଷ୍ଟିକୋଣରୁ ବିଶ୍ଲେଷଣ ଓ ବର୍ଣ୍ଣନା କରାଯାଇଛି। ଜୀବନରେ ଅନେକ କିଛି ଘଟେ। କିନ୍ତୁ ଯାହା ଘଟେ, ତାକୁ ଆଉ ଜୀବନ ପରିଧିରୁ ବାହାର କରି ଦେଇହୁଏ ନାହିଁ। ସେଇ ଚିନ୍ତାଧାରାକୁ ଆଧାର କରି ଲେଖାଯାଇଛି-

'ହେ ଜୀବନ.. ତୁମେ ବେଗବତୀ ଏକ ନଈ
ଚାହିଁଲେ ପଛକୁ ଦେଖିହୁଏ ସିନା
ଆଉ ଫେରି ହୁଏ ନାହିଁ।'

ସେହିଭଳି ଜୀବନରେ 'ଆଜି' ଦିନର ମହତ୍ତ୍ୱକୁ ବର୍ଣ୍ଣନା କରି ଲେଖା ଯାଇଛି-

"ଆଜି ଦିନ ଆଉ ଫେରିବ ନାହିଁ
ଜୀବନେ କେବେ
ଖୁସିରେ ତାହାକୁ ବିତାଇ ଦିଅ
ଆଜି ଏ ଭବେ।"

ଜୀବନ ଅତ୍ୟନ୍ତ ରହସ୍ୟପୂର୍ଣ୍ଣ। କେତେବେଳେ କଣ ଘଟେ କାହିଁକି ଘଟେ ଏହା ବୁଝିବା ମୁସ୍କିଲ। ଘଟଣା ଚକ୍ରରେ ନିଜର ଲୋକ ପର ହୋଇଯାଏ, ଆଉ ପର ଭାବେ ପରିଚିତ ଲୋକଟି ମଧ୍ୟ ନିଜର ଲୋକଙ୍କ ଠାରୁ ଅଧିକ ଉପକାରୀ ସାବ୍ୟସ୍ତ ହୁଏ। ଏଇ ଭାବ ହିଁ ଏ କବିତାର ଆଧାରଶିଳା:-

"ଜୀବନ ଏକ ଏମିତି ଖେଳ
ହୁଏନା ବୁଝି... କି ହେଲା ଶେଷେ
'ହାରିବା' ଏଠି 'ଜିତିବା' ହୁଏ-
'ଜିତିବା' ଆସେ 'ହାରିବା' ବେଶେ।"

ଏ ସଂକଳନରେ ଆହୁରି ଅନେକ ଭାବଉଦ୍ରେକକାରୀ କବିତା ରହିଛି।

ହସିଲା ମୁହଁରୁ ବୁଝନା ବନ୍ଧୁ!
ଦୁଃଖ ଯାଇଛି ଚାଲି

ଏତିକି ବୁଝିବ ଦୁଃଖକୁ ସିଏ
ହସରେ ଦେଇଛି ଗୋଳି।

XXX

ଶୂନ୍ୟ ହାତରେ ଆସେ ଏ ମଣିଷ
ଶୂନ୍ୟ ହାତରେ ଯାଏ
'ଅହଂକାର'ର ବିଷ ତା' ଭିତରେ
ତଥାପି କେମିତି ଥାଏ ?

XXX

'ସତ' ଠାରୁ ଶତ ଗୁଣ
ଲୋଡ଼େ ମୁଁ ସପନ
ଆଶା ବିନା ସମ୍ଭବ କି
ଜିଇଁବା ଜୀବନ ? ?

ଏମିତି ୧୩୦ଟି କ୍ଷୁଦ୍ର, ନାତିକ୍ଷୁଦ୍ର କବିତାର ସମାହାର ଏ କବିତା ଗ୍ରନ୍ଥ 'ହେ ଜୀବନ' !।

ଏହାର ପ୍ରକାଶକ 'ବ୍ଲାକ୍ ଈଗଲ୍ ବୁକ୍ସ'ର କର୍ମକର୍ତ୍ତାଙ୍କୁ ଅଶେଷ ଧନ୍ୟବାଦ।

ଆଶା ପୁସ୍ତକଟି କବି-ଲେଖକ-ପାଠକଙ୍କ ନିକଟରେ ଆଦୃତ ହେବ।

- ଲିଙ୍ଗରାଜ ରଥ

ସୂଚିପତ୍ର

ହେ ଜୀବନ !...	୧୭
ତେଜ ଈର୍ଷା-ରାଗ, ରୋଷ	୧୮
ଭାବେ ନାହିଁ ଗଛ	୧୯
କୁହ	୨୦
ପବିତ୍ର ମନ	୨୧
ମୃତ୍ୟୁ ହେ ମୋର ପରମମିତ୍ର !	୨୨
ତଥାପି କେମିତି ଥାଏ ?	୨୩
ଜୀବନ ଏକ ଏମିତି ଖେଳ	୨୪
ଏତିକି ବୁଝିବ	୨୫
କର୍ମ ତୋହର ଧର୍ମରେ	୨୬
ସୁଖର ଢେଉ	୨୭
ସେ ବିଜୟ ପରାହତ	୨୮
କରୁଣା	୨୯
ଜାଣିଥା...	୩୦
ତେବେ ତୁମେ ଜଣେ ସଚ୍ଚା ଯୁବକ	୩୧
କି ପାଇଁ ତଥାପି	୩୨
ଦର୍ପଣ	୩୩
ତଥାପି ବି ହସୁଥାଅ	୩୪
କେହି ଏହା ବୁଝନ୍ତିନି	୩୫
ନାଆଁଟି ମୋହର ଜୀବନ	୩୬
ହେ ବିପଦ ! ହେ ଦୌଲତ ! !	୩୭
ଅନୁଚିନ୍ତା	୩୮
ଏଇତ ସତ୍ୟ ଜୀବନର	୩୯
ଆଜି ଦିନ ଆଉ ଫେରିବ ନାହିଁ	୪୦
ଜୀବନର କାରବାର	୪୧
ସିଏ ତ ଅସଲ ଯୁବାଟିଏ	୪୨
ମନ	୪୩
ଏ ବଡ଼ ଅଜବ କଥା	୪୪
ସିଏ ହିଁ ଧନୀରେ ସାର	୪୫
ଏ କଥାଟି ତୁମେ ଜାଣିଥାଅ	୪୬
ମହାକାଳର ବାର୍ତ୍ତା	୪୭
ଶିକ୍ଷକ ସୁମହାନ	୪୮

ଶତ୍ରୁର ଜୟଗାନ	୪୯
ସିଏ ଏକା ଭଲପାଏ	୫୦
ଶାଗୁଣା ମୁଁ...	୫୧
ସଂପର୍କ	୫୨
ସ୍ମିତହସଟିଏ ମୁଖରେ ଜୁଟକୁ ଥାଉ	୫୩
ହୋଇଥାଏ ମନଲାକ୍ଷ	୫୪
ଦର୍ପଣ ସମ ହୁଅ	୫୫
ଅଁଧାର ସିନା ଦୂର ହୋଇଯାଏ	୫୬
ବିଚିତ୍ର ଜାଗା	୫୭
ଜୀବନଟା ସରିଯାଏ	୫୮
ଏ କଥା କି ସିଏ ବୁଝେ ? ?	୫୯
ଜୀବନକୁ ମୁହଁ ପଟାରିଲି	୬୦
ମନ ଥଣ୍ଡା କର କିଆଁ ?	୬୧
ନିଜର-ପର	୬୨
ବନ୍ଧନ	୬୩
ତାହା ତ ଅସଲ ମରଣ	୬୪
ଜୀବନଟା ନୁହେଁ ଖେଳନା	୬୫
ଦେଉଛି ମୁଁ ଉପହାର	୬୬
ଭାରିକର କିଆଁ ମୁହଁ ?	୬୭
ଲୋଡ଼େ ମୁଁ ସପନ	୬୮
ବନ୍ଧୁ ହେ ଜିଉଁ ଥାଅ	୬୯
ଚିହ୍ନିବା ତାକୁ ଦରକାର	୭୦
ଲୁହର ବିନ୍ଦୁ	୭୧
ଆଉ କିଛି ବାକି ରହିଯାଏ	୭୨
ପଚାରେ ନିଜକୁ ନିଜେ	୭୩
କରିବିନି ପ୍ରତିବାଦ	୭୪
ହୃଦୟକୁ କର ଖୋଲା ବହିଟିଏ	୭୫
କାହିଁକି ହୋଇବା ବ୍ୟସ୍ତ ?	୭୬
କିଏ ବା କରିଛି ପୂରଣ ?	୭୭
ଆଉ କିବା ଭୟ ?	୭୮
ଜୀବନ ନୁହଁଇ ଗୀତଟିଏ	୭୯
ତଥାପି ହସିବା ଆମେ	୮୦
ମନ ମାନିନିଏ ନାହିଁ	୮୧
ଅଯଥା କିଆଁ ଏ ଛଟକ ?	୮୨

ଏଇ ମୋର ପରିଚୟ	୮୩
ହଜିଯାଏ ସବୁ	୮୪
ସୁଖ କିବା ଆସେ ଫେରି ?	୮୫
ଆଖି ଦିଏ କହି	୮୬
ବରଷା କି କେବେ ରୋଧିପାରେ ପଥ ?	୮୭
ସତ ହୁଏନା	୮୮
ସତ କି ହୁଅଇ ଭବେ ?	୮୯
ଛଳନାର ଭାଷା ଜାଣିନି	୯୦
ଜୀବନର ସତେ କି ମାନେ ରହିଲା	୯୧
ବାଲ୍ମୀକୀ ପାଲଟି ଯାଏ	୯୨
ସବୁ ପ୍ରଶ୍ନର...	୯୩
ଏ ଆମ ଜୀବନ	୯୪
ଏମିତି କାହିଁକି ଘଟେ ଏ ମଣିଷ ଜୀବନେ ?	୯୫
ଏ କଥାଟି ଭାବ ମନରେ	୯୬
ଜୀବନଟା ସିନା ନାଟକ	୯୭
ବିଧିର ବିଧାନ କିସ ?	୯୮
ସକାଳ କରେନା ଡେରି	୯୯
ସପନ ହୁଅଇ ଭଙ୍ଗା	୧୦୦
ଅତୀତ ଗୋ ତୁମେ	୧୦୧
ସବୁ କଣ୍ଠ ବି ଗୀତ ଗାଇପାରେ	୧୦୨
ଏମିତି ବି ହୁଏ	୧୦୩
ଦୁଃଖ ବେଳାରେ	୧୦୪
ମୋତେ ଗାଳିଦିଅ କିଆଁ ?	୧୦୫
ବିଫଳତା ପାଇଁ କାହିଁକି ଡର ?	୧୦୬
ଏଇ ତ ଜୀବନ-ରୀତି	୧୦୭
କେ' କହେ ସେ ପାପୀ ?	୧୦୮
ଶୁଣ ମଣିଷ ଭାଇ	୧୦୯
ଏଇ ମାଟି ମୋର ସ୍ୱର୍ଗ	୧୧୦
ନିଶା	୧୧୧
କୌଣ ନୂଆ କଥା ଇଏ ?	୧୧୨
କହିଲେ କହୁ ଏ ଦୁନିଆ	୧୧୩
ଜୀବନରେ ତା'ର ଆଉ କି ଦରକା ?	୧୧୪
ଏ କଥା ଅଛ କି ଜାଣି ?	୧୧୫
ଏତିକି ନଥିଲେ ହେଜି	୧୧୬

ଦୁନିଆ	୧୧୭
ଆଶା	୧୧୮
ଦୁଇ ଓ ଦାରୁ	୧୧୯
ସମାଧାନ ତା'ର ସହଜ ନୁହେଁ	୧୨୦
ଅନୁଭବ	୧୨୧
ଏକଥା ବୁଝେ କି ମନ ?	୧୨୨
ଭୋକ	୧୨୩
ଚରୈବେତି	୧୨୪
ମିନତି	୧୨୫
ଅଭିନୟ	୧୨୬
ମିଛ ଦୁନିଆଁର ସତ	୧୨୭
ବଡ଼ ଦୁଃଖ	୧୨୮
ସେ ସୁଖ ଅସଲି ନୁହେଁ	୧୨୯
ମହାସାଗରଟେ ସମ...	୧୩୦
ଜୀବନଟା ଏକ...	୧୩୧
ଆମେ ଆଖି ନ ଖୋଲିଲେ	୧୩୨
ଦେଖିଛ କି କିଏ ଦିନେ ?	୧୩୩
ମଣିଷ ଟି ଯେବେ ଯାଏ ଦୂରେ	୧୩୪
ହେ ଜୀବନ !	୧୩୫
ଜୀବନ	୧୩୬
ହସ ହେ ବନ୍ଧୁ !	୧୩୭
କେହି କହିପାରେ ନାହିଁ	୧୩୮
କାହାକୁ କି ଭଲଲାଗେ ?	୧୩୯
ଜୀବନ କୁ ସୁଖୀ କରିବା ପାଇଁ କି	୧୪୦
ଅତି ବଡ଼ ଉପହାର	୧୪୧
ଫୁଲ କେବେ ନାହିଁ ଜାଣେ	୧୪୨
କାହାଣୀ କହୁଚି ଖପୁରୀ	୧୪୩
ଜୀବନ ତାହାର ସଫଳ...	୧୪୪
ଜୀବନର ନଈ	୧୪୫
ଆଲୋକ କରଇ ଦାନ	୧୪୬

ହେ ଜୀବନ !...

ହେ ଜୀବନ !...
ତୁମେ ବେଗବତୀ ଏକ ନଈ,
ଚାହିଁଲେ ପଛକୁ ଦେଖିହୁଏ ସିନା
ଆଉ ଫେରିହୁଏ ନାହିଁ ।।

ତେଜ ଈର୍ଷା-ରାଗ, ରୋଷ

ଦିନେ ନା ଦିନେ ତ ଆସିବ ମରଣ
ଜୀବନ ହୋଇବ ଶେଷ
ଜିଇଁଥିବା ଯାଏ ଖୁସି ହେବା ଆସ
ତେଜି ବୃଥା ରାଗରୋଷ ।।

ଭାବେ ନାହିଁ ଗଛ

ଭାବେ ନାହିଁ ଗଛ...
କେଉଁ ଫୁଲ ଗୋଟି ପଡ଼ିଲା ଝଡ଼ି,
ନୂତନ ପୁଷ୍ପ ସର୍ଜନେ ସଦା
ଥାଏ ସେ ଜଡ଼ି ॥

କୁହ

'ଦୁଃଖ' କୁ ଆମେ ଦୂର କରିବାକୁ...
ପାରିବା କି ତାକୁ ବିକି ?
'ସୁଖ'କୁ ସଭିଏଁ ଭଲ ପାଉ ବୋଲି
କୁହ କିଣିପାରିବା କି ??

ପବିତ୍ର ମନ

ପୁରୀ ବାରଣାସୀ ଆଦି
ଅଛି ଯେତେ ଧାମ,
ପୁଣ୍ୟଦାୟୀ ସବୁଠାରୁ
ଏ ପବିତ୍ର ମନ ।।

ମୃତ୍ୟୁ ହେ ମୋର ପରମମିତ୍ର !

ମୃତ୍ୟୁ ହେ ମୋର ପରମ ମିତ୍ର !
ତୁମେ ଭୁଲି ପାର ନାହିଁ,
ଠିକଣା ବେଳରେ ଠିକଣା ଜାଗାରେ
ପାଶକୁ ଆସ ତ ଧାଇଁ ।
ଏହି ସଂସାରେ ଆନକଥା ଛାଡ଼
ମାତା ବି ପାସୋରି ଦିଏ,
ତୁମେ ଏକା ହାୟ !
ପାସୋରି ପାରନା
ଦେହେ ଜୀବ ଥିବା ଯାଏ ॥

ତଥାପି କେମିତି ଥାଏ ?

ଶୂନ୍ୟ ହାତରେ ଆସେ ଏ ମଣିଷ
ଶୂନ୍ୟ ହାତରେ ଯାଏ
'ଅହଂକାର'ର ବିଷ ତା' ଭିତରେ
ତଥାପି କେମିତି ଥାଏ ??

ଜୀବନ ଏକ ଏମିତି ଖେଳ

ଜୀବନ ଏକ ଏମିତି ଖେଳ
ହୁଏନା ବୁଝି... କି ହେଲା ଶେଷେ,
'ହାରିବା' ଏଠି 'ଜିତିବା' ହୁଏ-
'ଜିତିବା' ଆସେ 'ହାରିବା' ବେଶେ ॥

ଏତିକି ବୁଝିବ

ହସିଲା ମୁହଁରୁ ବୁଝନା ବନ୍ଧୁ !
ଦୁଃଖ ଯାଇଛି ଚାଲି
ଏତିକି ବୁଝିବ ଦୁଃଖକୁ ସିଏ
ହସରେ ଦେଇଛି ଗୋଳି ।।

କର୍ମ ତୋହର ଧର୍ମରେ

ସୂର୍ଯ୍ୟ ଏକ୍‌ଲା... ଚନ୍ଦ୍ର ଏକ୍‌ଲା।
ମଗ୍ନ ନିଜର କର୍ମରେ
ଏକାକୀ ହୋଇଲେ... ଡରୁ ତୁ' କାହିଁକି
କର୍ମ ତୋହର ଧର୍ମରେ।

ସୁଖର ଢେଉ

ଜୀବନ ବେଳାରେ ସୁଖର ଢେଉଟି
ସଦା ଆସେ ନାହିଁ ଫେରି,
ହରଷ କାଳର ମଧୁର ସ୍ମୃତିଟି
ସଦା ପଡ଼େ ମନେ ଝରି।

ସେ ବିଜୟ ପରାହତ

ନିଜପାଖେ ନିଜେ ହାରି ନାହଁ ଯଦି
ତୁମେ ତ ଅପରାଜିତ,
ସବୁଠାରେ ଜିତି ନିଜଠିଁ ହାରିଲେ
ସେ ବିଜୟ ପରାହତ ।

କରୁଣା

କରୁଣାର ଭାଷା... କରୁଣାର ଭୂଷା
ମନରେ ପୁଲକ ଭରେ
ଚେହେରା ଯାହା ବି ହୋଇଥାଉ
ହେଲେ- ସୁନ୍ଦରତମ କରେ ||

ଜାଣିଥା...

ଘଣ୍ଟା କେବେ କି ଶବଦ କରଇ
ହାତରେ ନ ବଜାଇଲେ ?
ବଂଶୀର ସୁର ଝରିଥାଏ ଯାଇ
ଓଠେ ତାକୁ ଛୁଇଁ ଦେଲେ

ଉଦ୍ୟମ ନ ହୋଇଲେ,
କିଛି ଘଟେ ନାହିଁ ଏଇ ଦୁନିଆଁରେ
ଜାଣିଥା... ନ ଜାଣିଥିଲେ ।।

ତେବେ ତୁମେ ଜଣେ ସଚ୍ଚା ଯୁବକ

କାଲି ପାଇଁ ଯଦି କରୁଚ ଯୋଜନା
ଜୀବନେ ଦିନଟେ ପଛେ ଥାଉ...
ତେବେ ତୁମେ ଜଣେ ସଚ୍ଚା ଯୁବକ
ବୟସ ଯାହା ବି ହୋଇଥାଉ ।।

କି ପାଇଁ ତଥାପି

ମୃତ୍ୟୁରଜାର ପ୍ରଜା ନୁହେଁ କିଏ
ଏଇ ଦୁନିଆଁରେ କୁହ ?
କି ପାଇଁ ତଥାପି ସେ କଥାକୁ ହେଜି
ଝରଇ ଆଖିରୁ ଲୁହ ?

ଦର୍ପଣ

ଦର୍ପଣ ଠାରୁ ଭଲ ବନ୍ଧୁଟେ
କିଏ ସେ ଦେଖିଛ କାହିଁ ?
ତୁମେ କାନ୍ଦିଲେ କାନ୍ଦଇ ସିଏ
ତୁମ ହସେ ହସୁଥାଇ ।।

ତଥାପି ବି ହସୁଥାଅ

ଜୀବନରେ ଆସେ ସୁଖ ଓ ଦୁଃଖ
କ୍ଷତି କେବେ... କେବେ ଲାଭ ଅନେକ
ତଥାପି ବି ହସୁଥାଅ
ସେ ସବୁରୁ ଶିଖୁଥାଅ ।।

କେହି ଏହା ବୁଝନ୍ତିନି

ସଭିଙ୍କର ଅଛି ଦୁଇ ଆଖି
ହେଲେ ଏକା କଥା ଦେଖନ୍ତିନି,
ସଭିଙ୍କର ସେଇ ଦୁଇ କାନ
ହେଲା ଏକକଥା ଶୁଣନ୍ତିନି।

ସବୁରି ଶରୀରେ ଦୁଇହାତ
ହେଲେ ଏକ କାମ କରନ୍ତିନି
ସଭିଙ୍କ ପାଟିରେ ଏକ ଜିଭ
ହେଲେ ଏକ କଥା କହନ୍ତିନି।

ଫଳ ମିଳେ ମନ ଘେନି,
ମନ ଘେନି କାମ... କାମ ଘେନି ଫଳ
କେହି ଏହା ବୁଝନ୍ତିନି ।।

ନାଆଁଟି ମୋହର ଜୀବନ

ନାଆଁଟି ମୋହର ଜୀବନ
ମୋ'ରି ବୁକୁରେ ନିତି ଜଳିଯାଏ
କେତେ ଆଶା... କେତେ ସପନ।
ଗଢ଼ାହୁଏ ବହୁ ଖୁସିର ମିନାର
ଉଜୁଡ଼ଇ କେତେ ସୁନାର ସଂସାର
ହରଷ ବିରସ
ବିଷ ଓ ପୀୟୂଷ
ମୋ ନାଟକେ ଦୁହେଁ ସମାନ
ନାଆଁଟି ମୋହର ଜୀବନ ।।

ହେ ବିପଦ ! ହେ ଦୌଲତ ! !

ହେ ବିପଦ !
ତୁମ ବନ୍ଦନା କରେ
ତୁମେ ହିଁ ଆସିଲେ ପାଶେ,
ଏ ମଣିଷ ତେଜି
ଅହଂକାର ତା'
ବିଭୁପାଦ ତଳେ ବସେ ।
ହେ ଦୌଲତ !
ତୁମେ ଆସିଗଲେ ପାଶେ
ଆନ କାହା କଥା ଛାଡ଼,
ନିଜେ ମୁଁ ନିଜଠୁଁ ବିଚ୍ୟୁତ ହୁଏ
ନିତି ଖାଇ ତୁମ ମାଡ଼ ।।

ଅନୁଚିନ୍ତା

ପରାଜିତ କେବେ କରିବାକୁ କା'କୁ
ନ ବଳୁ ଆମର ମନ,
ଜୟ କରିବାକୁ ସବୁରି ହୃଦୟ
ହେଉ ସଦା ଆମ କାମ ।
ସବୁରି ସାଥିରେ ହାସ ପରିହାସେ
ସମୟଟା ଯାଉ ବିତି,
ଉପହାସ କେବେ କରିବା ପାଇଁ କି
ନ ବଳୁ ଆମର ମତି ।।

ଏଇତ ସତ୍ୟ ଜୀବନର

ଯାହାକୁ ଭାବୁଛ କିଛି ନୁହେଁ ବୋଲି
ଦିନେ ହୁଏ ସିଏ ସବୁ କିଛି,
ସବୁକିଛି ବୋଲି ଜଣାପଡ଼େ ଯାହା
ଦିନେ ହୋଇଯାଏ ଛି...ଛି।
ଏଇ ତ ସତ୍ୟ ଜୀବନର
ଏତକ ବୁଝିବା ପାଇଁ ହୋଇଥାଏ
ସାରା ଜୀବନଟା ଦରକାର ।।

ଆଜି ଦିନ ଆଉ ଫେରିବ ନାହିଁ

ଆଜି ଦିନ ଆଉ ଫେରିବ ନାହିଁ...
ଜୀବନେ କେବେ,
ଖୁସିରେ ତାହାକୁ ବିତାଇ ଦିଅ
ଆଜି ଏ ଭବେ ॥

ଜୀବନର କାରବାର

ଉପହାସ କରେ 'ଜୀବନ' ତୁମକୁ
ଯେତେବେଳେ ତୁମେ ବିଷାଦେ ଥାଅ
ସୁଖେ ଯେବେ ଥାଅ... ମୁରୁକି ହସଇ
'ଜୀବନ' ତୁମକୁ ଚାହିଁ,
ଯେତେବେଳେ ତୁମେ ଶକତି ଖଟାଇ
ଆନର ମନରେ ହରଷ ଦିଅ,
'ଜୀବନ' ସେବେଳେ ସାଲ୍ୟୁଟ୍ ମାରି
ସମ୍ମାନ କରେ ଯାଇ ||

ସିଏ ତ ଅସଲ ଯୁବାଟିଏ

ବାଧା ବଂଧନ କାଟି ଦେଇ ଯିଏ
ରାସ୍ତା ତିଆରି କରିଥାଏ,
'ଭାଗ୍ୟ'କୁ ଭୁଲି 'କର୍ମ' ଉପରେ
ଆସ୍ଥା ଯେ ସଦା ରଖିଥାଏ ।
'ଅସମ୍ଭବ' ର ସମ୍ଭାବନାକୁ
ମନରୁ କାଢ଼ି ଯେ ତଡ଼ିଦିଏ
ବୃଦ୍ଧ ହେଲେ ବି ବୃଦ୍ଧ ନୁହେଁ ସେ
ସିଏ ତ ଅସଲ ଯୁବାଟିଏ ।।

ମନ

ହଳାହଳ ତା'ରେ ପାରେ ନାହିଁ ମାରି
ଯା'ମନେ ଭରିଚି ଅମୃତ
ଯା' ମନଟା ଖାଲି ହଳାହଳେ ଭରା
ଜୀବନ ଥାଇ ବି ସେ ମୃତ ।।

ଏ ବଡ଼ ଅଜବ କଥା

ବିଶ୍ୱେ ମଣିଷ ଏକହିଁ ଜୀବ...
ଯିଏ ରୋଜଗାର କରେ,
ତଥାପି ଏ ବଡ଼ ଅଜବ କଥା
ସିଏ ହିଁ ଭୋକରେ ମରେ ।।

ସିଏ ହିଁ ଧନୀରେ ସାର

ଧନୀ ନୁହେଁ ସିଏ...
ଟଙ୍କା, ସୁନା, ହୀରା
ଅମାପ ସଂପତ୍ତି ଯା'ର
ଅସୁମାରି ହୃଦେ
ଲଭେ ଯିଏ ଥାନ
ସିଏ ହିଁ ଧନୀରେ ସାର ।।

ଏ କଥାଟି ତୁମେ ଜାଣିଥାଅ

ସୁଖ ବେଶେ କେବେ ଦୁଃଖ ବି ଆସେ
ସତର୍କ ଟିକେ ରହିଥାଅ
ଦୁଃଖ ବେଶରେ ସୁଖ ବି ଆସଇ
ଏକଥାଟି ତୁମେ ଜାଣିଥାଅ ।।

ମହାକାଳର ବାର୍ତ୍ତା

ନୂଆ ଦିନଟିଏ ଆସଇ ଜଗତେ
ନୂଆ ଆଶାଟିଏ ନେଇ
ପୂରୁବ ଦିଗରେ ସୂରୁଯ ଦେବତା
ହସି ହସି ଆସେ ଉଇଁ।
ବାର୍ତ୍ତା ସତେ ବା ଦିଏ ମହାକାଳ
'ହେ ମଣିଷ !-
ଦେଲି ଆରେକ ସକାଳ
ତୁମରି ଉପରେ
ଭରସା କରି କି ମୁହିଁ ।।'

ଶିକ୍ଷକ ସୁମହାନ

ସମୟ, ଜୀବନ
ଆମରି ଜୀବନେ ଶିକ୍ଷକ ସୁମହାନ,
ଜୀବନ ଶିଖାଏ ସମୟ-ମୂଲ୍ୟ,
ସମୟ କହେ, 'ଜୀବନ ଅମୂଲ୍ୟ'
ସଦୁପଯୋଗ ହିଁ ସଫଳତା ଚାବି
ହୋଇବା ଯତ୍ନବାନ ॥

ଶତ୍ରୁର ଜୟଗାନ

ଶତ୍ରୁ ହେ ତୁମେ ଅଛ ବୋଲି ସିନା
ସଜାଗ ଆଜି ମୁଁ ଏତେ !
ନହେଲେ ତ ମୁଁ ବେପରୁଆ ହୋଇ
ଭୁଲ୍ କରନ୍ତି କେତେ ।
ତୁମରି ଡରରେ ସତର୍କ ହୋଇ
ନିଜକୁ ଜଗିଛି ମୁହିଁ ।
ତୁମ ଜୟଗାନ ତେଣୁ ମୁଁ ଗାଉଛି
ତୁମ ପାଶେ ଋଣୀ ରହି ।

ସିଏ ଏକା ଭଲପାଏ

ତୁମ ହସ ତଳେ ଛପି ରହିଥିବା
କୋହ ଦେଖିପାରେ ଯିଏ,
ତୁମ ରାଗ ତଳେ ଲୁଚିଥିବା
'ଭଲ ପାଇବା' ଜାଣଇ ଯିଏ...
ତୁମ ନିରବତା କାରଣ ଗୋଟିକୁ
ଭଲ ଭାବେ ବୁଝେ ଯିଏ...
ତୁମକୁ ଜୀବନେ ସିଏ ହିଁ ବୁଝିଚି
ସିଏ ଏକା ଭଲପାଏ।

ଶାଗୁଣା ମୁଁ...

ଶାଗୁଣା ମୁଁ ଖୋଲି ଆଖି
ଆକାଶୁ ପାରୁଛି ଦେଖି
କେତେ ଅଫିସର୍... ନେତା, ଟାଉଟର୍
ଖାଉଛନ୍ତି ମଡ଼ ମହା ଆହ୍ଲାଦେ
ମୋ ପାଇଁ ନାହାନ୍ତି ରଖି ।।

ସଂପର୍କ

ଯନ୍ତ୍ରଣା ଭୋଗେ ହାତଟିଏ ଯେବେ
କ୍ରନ୍ଦନ କରେ ଆଖି
ସେଇ ହାତ ପୁଣି ଅଧୀରେ ଆଖିରୁ
ଲୁହକୁ ନିଅଇ ପୋଛି,
ସଂପର୍କର ଏ ନିବିଡ଼ ଭାବକୁ
ବଂଧୁ ହେ ! ନିଅ ଦେଖି,
ସ୍ୱାର୍ଥପର ଏ ଦୁନିଆଁରେ... କେହି-
ବୁଝିବ ତ କିଛି କିଛି ।।

ସ୍ମିତହସଟିଏ ମୁଖରେ ଝଟକୁ ଥାଉ

ଜୀବନଯାତ୍ରା ଚାଲିଥିବ
ସୁଖ ଓ ଦୁଃଖ ଆସୁଥିବ,
ଖରା ଓ ବରଷା
କେବେ ରାଗରୁଷା
ଜୀବନରେ ଦେଖା ଦେଉଥିବ ।
ଯାହା ପଛେ ହୋଇଯାଉ,
ଏ ସବୁ ଭିତରେ ସ୍ମିତହାସ ଟିଏ
ମୁଖରେ ଝଟକୁ ଥାଉ ।।

ହୋଇଥାଏ ମନଲାଖି

ପାଟି ସିନା କହେ ବହୁକଥା...
ହେଲେ କିଛି କଥା କହେ ଆଖି
ଏ ଦୁଇକଥାରୁ ଆଖି କଥା ସଦା
ହୋଇଥାଏ ମନଲାଖି ।।

ଦର୍ପଣ ସମ ହୁଅ

ଦର୍ପଣ ସମ ହୁଅ ହେ ବଂଧୁ !
ସଦା ହେ ଦେଖାଅ ସତ,
ଛାଇ ପରି ତୁମେ ସୁଖେ ଓ ଦୁଃଖେ
ସଦା ଦେଉଥାଅ ସାଥ ।।

ଅଂଧାର ସିନା ଦୂର ହୋଇଯାଏ

ଅଂଧାର ସିନା ଦୂର ହୋଇଯାଏ...
ସୂର୍ଯ୍ୟ ଉଦୟ ହେଲେ
କାହାକୁ କି କେବେ ଦେଖାଯାଏ କୁହ
ନିଜେ ଆଖି ନ ଖୋଲିଲେ ? ?

ବିଚିତ୍ର ଜାଗା

ମନ୍ଦିର ଏକ ବିଚିତ୍ର ଜାଗା
ଜାଣିଚ କି ତୁମେ ଭାଇ ?
ଭିକାରୀ ମାଗଇ ମନ୍ଦିର ବାହାରେ
ଧନୀକ ଭିତରେ ଯାଇ ।।

ଜୀବନଟା ସରିଯାଏ

କଥା କହିବାଟା ଶିଖିବାକୁ ସିନା
ଦି'ବରଷ ଲାଗିଥାଏ
କେଉଁ କଥାଟିକୁ କେଉଁଠି କହିବ,
ଅବା କୋଉ କଥା ମୋଟେ ନ କହିବ,
ସେଇ ସବୁ କଥା ଶିଖୁ ଶିଖୁ ଆହା
ଜୀବନଟା ସରିଯାଏ ।।

ଏ କଥା କି ସିଏ ବୁଝେ ? ?

ଏଇ ମଣିଷର ଆଖି ଅଛି
ତେଣୁ...
ବିଶ୍ୱ ସିନା ସେ ଦେଖେ,
ନିଜର ରୂପଟି ନିଜ ପାଖୁ ପରା ହଜେ !
ଦର୍ପଣଟିଏ ଲୋଡ଼ା ସେଥିପାଇଁ
ଏକଥା କି ସିଏ ବୁଝେ ? ?

ଜୀବନକୁ ମୁହିଁ ପଚାରିଲି

ଜୀବନକୁ ମୁହିଁ ପଚାରିଲି
'ତୁମେ କିଆଁ ଏଡ଼େ ଦୁରୁବହ ?'
ସରୁ ହସଟିଏ ସିଏ ହସି ଦେଲା,
ହସି ହସି ଧୀରେ ମୋତେ ସେ କହିଲା
'ସହଜ, ସରଳ ହୋଇଲେ ହେ ତୁମେ
ସତେ କିବା ଭଲପାଅ ?'

ମନ ଊଣା କର କିଆଁ ?

ଆଖିପାଣି କେବେ ପାରେ କି ଲିଭାଇ
ଛାତି ତଳେ ଥିବା ନିଆଁ ?
ଉଦର ଭୋକ କି ଶାନ୍ତ ହୁଅଇ
ଦେଖିଲେ ରୋଷେଇ ଧୂଆଁ ?
ଘଟଣା ନବୁଝି ଦୁନିଆଁ କଥାରେ
ଭାସି ଯାଉଅଛ କିଆଁ ?
ତୁଚ୍ଛାକଥା କେବେ କାମକୁ ଆସେନା
ମନଊଣା ହୁଏ ଯାହା ।।

ନିଜର-ପର

ଦୂରେ ଥାଇ ବି ଯେ ମନରେ ଥାଏ
ମନର ଭାବକୁ ବୁଝଇ ଯିଏ
ନିଜର ସିଏ ।

ବୁଝେ ନାହିଁ ଯିଏ କଥା ମନର
ପାଶେ ଥିଲେ ବି ଯେ ମନରୁ ଦୂର
ସିଏ ତ ପର ।।

ବଣ୍ଟନ

ଦୁଃଖ ବାଣ୍ଟିଲେ ସରି ସରି ଆସେ
ଆବେଗେ ବାଣ୍ଟ ଯେବେ
ସୁଖ ବାଣ୍ଟିଲେ ବଢ଼ି ବଢ଼ି ଯାଏ
ବିଦ୍ୟା ସରେନା କେବେ ।

ତାହା ତ ଅସଲ ମରଣ

ଜୀବନର ନାମ ବନ୍ଧୁତା... ପୁଣି
ବଂଧୁତା ଅଟେ ଜୀବନ
ବଂଧୁତା ଯହିଁ ହଜିଯାଇଥାଏ
ତାହା ତ ଅସଲ ମରଣ ।

ଜୀବନଟା ନୁହେଁ ଖେଳନା

ଜୀବନଟା ନୁହେଁ ଖେଳନା ବଂଧୁ!
ଜୀବନକୁ ନେଇ ଖେଳ ନା
ଏଣ୍ଡୁଅ ପରି ଦରକାର ବେଳେ
ରଙ୍ଗ ବଦଳ କରନା।

ଦେଉଛି ମୁଁ ଉପହାର

ଜଳିଛି ସିନା ମୁଁ...
ଜଳିଯାଇ ନାହିଁ
ମାନି ବି ନେଇନି ହାର,
ପ୍ରତିଦ୍ୱନ୍ଦ୍ୱୀ ହେ !
ଆରେକ ସମର
ଦେଉଛି ମୁଁ ଉପହାର।

ଭାରିକର କିଆଁ ମୁହଁ ?

କୁହ ମତେ ଥରେ...
ହସିଚି କେ ସଦା
ନ ଗଡ଼ାଇ ଟୋପେ ଲୁହ ?
ଆମ ଜୀବନରେ
ଦୁଃଖ ଆସିଲେ
ଭାରିକର କିଆଁ ମୁହଁ ? ?

ଲୋଡ଼େ ମୁଁ ସପନ

'ସତ' ଠାରୁ ଶତଗୁଣ
ଲୋଡ଼େ ମୁଁ ସପନ,
ଆଶା ବିନା ସମ୍ଭବ କି
ଜିଇଁବା ଜୀବନ ??

ବଂଧୁ ହେ ଜିଉଁ ଥାଅ

ହସରୁ ଟେନାଏ
ଲୁହରୁ ଟୋପାଏ
ଯତନେ ମିଶାଇ ଦିଅ
ହୋଇ ଗଲା ଇଏ
ମଣିଷ ଜୀବନ...
ବଂଧୁ ହେ! ଜିଉଁଥାଅ।

ଚିହ୍ନିବା ତାକୁ ଦରକାର

ସୁଖ ବେଶ ଧରି ଦୁଃଖ ଆସଇ
ଚିହ୍ନିବା ତାକୁ ଦରକାର
ଦୁଃଖ ବେଶେ ବି ଆସିଥାଏ ସୁଖ
କରନାହିଁ ତା'ର ହତାଦର।
ଜ୍ଞାନର ଚକ୍ଷୁ ମେଲାଇ ଦେଖିଲେ
ସୁଖ-ଦୁଃଖର ସ୍ୱରୂପ ଜାଣିଲେ
ସଫଳ ଜୀବନ ମାନବର।

ଲୁହର ବିନ୍ଦୁ

ଲୁହର ବିନ୍ଦୁ... ବିନ୍ଦୁ ନୁହଁଇ
ବେଦନାର ସିଏ ସିନ୍ଧୁ,
ବେଳେବେଳେ ପୁଣି ନିରୋଳା ସମୟେ
ସାଜିଥାଏ ସେ' ତ ବନ୍ଧୁ।
କି ପାଇଁ ତାହାକୁ ନିନ୍ଦୁ ?
ଦୁର୍ଦ୍ଦିନରେ ସେ ଦରଦୀ ଦୋସର
ଆସେ ରୋକିବାକୁ ମନ୍ଦୁ।।

ଆଉ କିଛି ବାକି ରହିଯାଏ

ସରିଯାଏ ଦିନ...
ହେଲେ ରହିଯାଏ ଚିହ୍ନ
ଭଲମନ୍ଦ ଯାହା ହୁଏ,
ସ୍ମୃତି ରଖିଯାଏ...
ନିରବେ ସେ କେତେ କଥା କହେ
କିଛି କଥା ବୁଝିହୁଏ,
ଆଉ କିଛି ବାକି ରହିଯାଏ।

ପଚାରେ ନିଜକୁ ନିଜେ

ମୋ ଆଖି-ନଈରେ ବନ୍ୟା ଆସିଲେ
ଧୈର୍ଯ୍ୟର ସେତୁ ଭିଜେ
ମୋ ମନ-ଗଗନେ ଜହ୍ନ ଉଇଁଲେ
ବିରସ-କାଳିମା ହଜେ ।
ଅନ୍ତରେ ଯାହା ଖୋଜେ,
ସବୁ ମିଳିବାକି ସମ୍ଭବ ସତେ !
ପଚାରେ ନିଜକୁ ନିଜେ ।।

କରିବିନି ପ୍ରତିବାଦ

ହେ ପ୍ରିୟ ଜୀବନ! ହେ ମୋର ପୃଥିବୀ
ଯାହା ବି ଦେଇଚ ମୋତେ
ସେତିକିରେ ମୁଁ ଯେ ଚିର ଅଭିଭୂତ
କେମିତି ଭୁଲିଚି ସତେ!
ନାହିଁ ମୋର ଅବସାଦ
ସରଗର ସୁଖ ପାଇଲିନି ବୋଲି
କରିବିନି ପ୍ରତିବାଦ।।

ହୃଦୟକୁ କର ଖୋଲା ବହିଟିଏ

ଆଉଁସି ଦିଅନି କପଟ ସେନେହେ
ଲୁଚାଇ ମାନସେ ଶତ୍ରୁତା
ବରଂ ବିଧାଟେ ଦିଅ ମୋ ପିଠିରେ
ଯା' ପଛରେ ଥିବ ମିତ୍ରତା ।

ରଖନି ମନରେ ତିକ୍ତତା
ହୃଦୟକୁ କର ଖୋଲା ବହିଟିଏ
ବିଷୟ ତା' ହେଉ ବଂଧୁତା ।

କାହିଁକି ହୋଇବା ବ୍ୟସ୍ତ ?

ଜନ୍ମଥିଲେ ତ ମରଣ ଧାର୍ଯ୍ୟ
ଉଦୟ ଥିଲେ ତ ଅସ୍ତ,
ଦିନ ଯଦି ଅଛି... ରାତି ବି ଆସିବ
କାହିଁକି ହୋଇବା ବ୍ୟସ୍ତ ?

କିଏ ବା କରିଛି ପୂରଣ ?

ଏ ମନର ନିଆଁ ପାରେନା ଲିଭାଇ
ଶିରାବଣ ଘୋର ବରଷା
ଏ ପାଦ ଚାଲିଲେ ଲକ୍ଷ୍ୟ ପଥରେ
ବୁକୁରେ ଜାଗଇ ଭରସା ।
ଏ ଆଖିର ଲୁହ ପାରେନା ଶୁଖାଇ
ଲକ୍ଷ ତପନ କିରଣ
ଏ ମନର ଲୋଭ କୋଟି ଉଦ୍ୟମେ
କିଏ ବା କରିଛି ପୂରଣ ? ?

ଆଉ କିବା ଭୟ ?

ବାଟ ଛାଡ଼ି ଅବାଟରେ ଯିବା ମୁଁ ଶିଖିନି
ଜଳିବା ଜାଣିଛି ହେଲେ ପାଉଁଶ ହୋଇନି
କଣ୍ଟାକୁ ମୁଁ ଭୟ କରି ତେଜିନି ଗୋଲାପ
ମନଦୁଃଖ ହେଲା ବୋଲି ପିଇନି ସରାପ
ଯେତେ ବାଧା ଆସିଲେ ବି ଖୋଜିଛି ଉପାୟ
ବିଭୁ ପାଦେ ମତି ଥିଲେ ଆଉ କିବା ଭୟ ?

ଜୀବନ ନୁହଁଇ ଗୀତଟିଏ

ଜୀବନ ନୁହଁଇ ଗୀତଟିଏ
ଯାହା ସୁରରେ ସୁରରେ ବନ୍ଧା
ଜୀବନ ନୁହଁଇ ଗପଟିଏ
ଯାହା କାହାଣୀ ଜାଲରେ ଛନ୍ଦା
ଜୀବନ ତ ନୁହେଁ ନାଟକ ଟେ
ଯହିଁ ଅଭିନୟ ସଦା ମୁଖ୍ୟ
ଜୀବନ ବି ନୁହେଁ ଗଣିତଟେ
ଯା'ର ସମାଧାନ ହୁଏ ଲକ୍ଷ୍ୟ।

ସବୁ ସୂତ୍ରର ଊର୍ଦ୍ଧ୍ୱରେ ଥାଇ
ସବୁ ନିୟମକୁ ପଛରେ ପକାଇ
ଜୀବନ ତ ଏକ ନୀଡ଼ଟିଏ
କେବେ ହସି ପୁଣି କେବେ ବି ବିଳପି
ରହିଥାଏ ସେଠି ପକ୍ଷୀଟିଏ।।

ତଥାପି ହସିବା ଆମେ

ଥିଲେ ଥାଉ ଯେତେ ଦୁଃଖ ଜୀବନେ
ହତାଶା, ନିରାଶା ଥିଲେ ଥାଉ ମନେ
ତଥାପି ହସିବା ଆମେ।
ହସି ହସି ଆମେ ଜୀବନେ ଲଢ଼ିବା
ଦୁନିଆଁରେ ହସି ହସି ଆଗେଇବା
ଶେଷେ ତ ଜିତିବା ଆମେ
ନିଶ୍ଚେ ଜିତିବା ଆମେ।।

ମନ ମାନିନିଏ ନାହିଁ

ଏ ମନରେ ଯେତେ ସପନ ଜାଗଇ
ସବୁ ସତ ହୁଏ ନାହିଁ,
ଯେତେ ଆଶାକଳି ଜାତ ହୁଏ ମନେ
ସବୁ ଫୁଟି ପାରେ ନାହିଁ।
ବିଚିତ୍ର କଥା ଏଇ
ତଥାପି ତାହାକୁ କେଜାଣି କି ପାଇଁ
ମନ ମାନିନିଏ ନାହିଁ
ମାନିବାକୁ ଚାହେଁ ନାହିଁ।।

ଅଯଥା କିଆଁ ଏ ଛଟକ ?

ଜୀବନ କି କେବେ ଛନ୍ଦମୟ...?
ସେ 'କବିତା' ବା କାହୁଁ ହୋଇବ ? ?
କି' କାହାଣୀ ଅଛି ଜୀବନରେ...
ତେଣୁ' 'ଗଳ୍ପ' ତାକୁ କେ କହିବ ? ?
ନାଟକୀୟତା ବା କି ଅଛି ଜୀବନେ...?
କେମିତି ହେବ ସେ ନାଟକ ? ?
ଜୀବନ ତ ଖାଲି ଜୀବନ-ତହିଁକି
ଅଯଥା କିଆଁ ଏ ଛଟକ ? ? ?

ଏଇ ମୋର ପରିଚୟ

ଲୁହକୁ ଲୁଚାଇ ଜାଣିନି ମୁଁ କରି
ହସିବାର ଅଭିନୟ
କରମ କରିଚି ଦେଇ ମନପ୍ରାଣ
ଭୁଲି ଜୟ-ପରାଜୟ ।
ଏଇ ମୋର ପରିଚୟ
ବିଭୁପାଦେ ଯେଣୁ ନେଇଚି ଶରଣ
କାହାକୁ କରିବି ଭୟ ? ?

ହଜିଯାଏ ସବୁ

ଶୋଷ କି ମରଇ
ମରୀଚିକା ପଛେ ଧାଇଁଲେ ?
ମିଳଇ କି ଛାଇ
ଥୁଣ୍ଟା ଗଛଟେ' ପାଇଲେ ?
ମିଳେନା ଆଦର
'ପର'କୁ ଆପଣା ମଣିଲେ
ହଜିଯାଏ ସବୁ
'ଆପଣା'କୁ ପର କରିଲେ।।

ସୁଖ କିବା ଆସେ ଫେରି ?

ଲୁହ ସିନା ଝରିଯାଏ
ଦୁଃଖ କି ଯାଏ ସରି ?
ହସ ଟିକେ ଉକୁଟିଲେ
ସୁଖ କିବା ଆସେ ଫେରି ? ?

ଆଖି ଦିଏ କହି

ଆଖି ଦିଏ କହି-
ଯାହା କେବେ କହି ପାରେନା ପାଟି,
ମନ ଦିଏ ଦେଖି-
ବନ୍ଧାଥିଲେ ବି ନୟନେ ପଟି।
ହୃଦ ଶୁଣିପାରେ-
ଯାହା ଦୁଇକାନ ପାରେନା ଶୁଣି,
ବିବେକ ବୁଝଇ-
ଏ ଦୁନିଆଁ ଯାହା ନ ପାରେ ଜାଣି।।

ବରଷା କି କେବେ ରୋଧିପାରେ ପଥ ?

ବରଷା ତ କେବେ ଲିଭାଇ ପାରେନା
ହୃଦୟ ତଳର ନିଆଁ,
ବରଷା ବି କେବେ ନ ପାରଇ ଧୋଇ
ମନରେ ଥିବା ଅଳିଆ ।
ବରଷା କି କେବେ ଶୀତଳ କରିଚି
ଛାତି ତଳେ ଥିବା ତାତି ?
ବରଷା କି କେବେ ରୋଧିପାରେ ପଥ-
ପରାଣ ଉଠିଲେ ମାତି ? ?

ସତ ହୁଏନା

ନିରାଶାରେ ଜଳି
ଆଶାରେ ବଞ୍ଚେ
ମଣିଷ ସିନା,
ଦୁଃଖ ହଟିବା
ସପନ ତାହାର
ସତ ହୁଏନା।।

ସତ କି ହୁଅଇ ଭବେ ?

ରାତିର ବେଦନା ସତେ
ସକାଳ ତ ବୁଝେ ନାହିଁ
ତଟିନୀର ମନକଥା
ତଟ କି ବୁଝଇ କାହିଁ ?
ପଥ କି ପାରଇ ଜାଣି
ପାଦର ପରାସ କେବେ ?
ମନର ସପନ ସବୁ
ସତ କି ହୁଅଇ ଭବେ ?

ଛଳନାର ଭାଷା ଜାଣିନି

କିଏ କହେ ମୋତେ ନାୟକ...
ଆଉ ବି କିଏ କହେ ଖଳନାୟକ
ଯିଏ ଯାହା କହୁ, ସେସବୁ କିଛି ବି-
ନୁହେଁ ମୋର ପରିଚାୟକ।
ଝଡ଼ ହୋଇ ମୁଁ ତ ଉଜାଡ଼ିନି କା'ରେ
ନିଆଁ ହୋଇ ମୁଁ ତ ଜାଳିନି,
କଥା ସିଧା ପୁଣି କାମ ସିଧା ମୋର
ଛଳନାର ଭାଷା ଜାଣିନି।।

ଜୀବନର ସତେ କି ମାନେ ରହିଲା

ମଳୟ ଯଦି ଗୋ ଧୋକାଦିଏ ମଧୁମାସେ
ଶିରାବଣେ ଯଦି ବରଷା ଦୂରେଇ ଯାଏ
ଶରତେ ଯଦି ଗୋ ଚାନ୍ଦିନୀ ନାହିଁ ଦିଶେ
ଜୀବନର ସତେ କି ମାନେ ରହିଲା ହାୟ !

ବାଲ୍ମିକୀ ପାଲଟି ଯାଏ

ହାରିବା ଶିଖାଇ ଦିଏ...
ଜିତିବାର କଳା
ମରଣ ଦେଖାଇ ଦିଏ...
ଜୀଇଁବାର ରାହା
ପାପର ଅଂଧାରୁ ଜାତ...
ପୁଣ୍ୟର ସକାଳ
'ବାଲ୍ମିକୀ ପାଲଟେ ଦିନେ
ଡାକୁ ରତ୍ନାକର।।

ସବୁ ପ୍ରଶ୍ନର...

ସବୁ ପ୍ରଶ୍ନର ଉତ୍ତର ମିଳେ ନାହିଁ
ସବୁ କଣ୍ଠ ତ ସଙ୍ଗୀତ ଗାଏ ନାହିଁ ।।

ସବୁ ପ୍ରେମକଳି ଫୁଲ ହୋଇ ଫୁଟେ ନାହିଁ
ସବୁରି ପ୍ରେମରୁ ପ୍ରୀତି-ବାସ ଛୁଟେ ନାହିଁ ।।

ଏ ଆମ ଜୀବନ

ଏ ଜୀବନ ଫୁଟିଉଠେ...
ସଜଫୁଲ ପରି,
ଝଡ଼ିଲା ବେଳେ ବି ଯାଏ
ପତ୍ର ପରି ଝରି।
ବହିଯାଏ କେତେବେଳେ
ଲୋତକ ସମାନ,
ବୁଝିବି ଅବୁଝା ସଦା
ଏ ଆମ ଜୀବନ।

ଏମିତି କାହିଁକି ଘଟେ ଏ ମଣିଷ ଜୀବନେ ?

ଦୋଷ ନଥାଇ ବି ମିଳେ...
ନିନ୍ଦା ଓ ଯାତନା,
'ବିଶ୍ୱାସ' ଦେଇ ମିଳେ
ଅପବାଦ, ଛଳନା ।
'ମିଳନ' ର ଫୁଲ ଝଡ଼େ
'ବିରହ'ର ପବନେ
ଏମିତି କାହିଁକି ଘଟେ
ଏ ମଣିଷ ଜୀବନେ ? ?

ଏ କଥାଟି ଭାବ ମନରେ

ସୁରଭି ନଥାଏ ଫୁଲରେ ବଂଧୁ !
ସୁରଭି ତ ଥାଏ ମନରେ,
ଇନ୍ଦ୍ରଧନୁରେ ରଙ୍ଗ ନଥାଏ
ରଙ୍ଗ ତ ଥାଏ ମନରେ ।
ମନ ଯେବେ ମିଶେ ମନରେ
ସଂଭବ ହୁଏ ନ ହୋଇଲା କଥା
ଏ କଥାଟି ଭାବ ମନରେ ।

ଜୀବନଟା ସିନା ନାଟକ

ଜୀବନଟା ସିନା ନାଟକ...
ହେଲେ ମୁଁ କେବେ ତ କରିନି ଅଭିନୟ,
କହିବକି କିଆଁ
ମୋ ଲଲାଟେ ଲେଖା କେବଳ ଦୁଃଖ ପରାଜୟ ? ?

ବିଧିର ବିଧାନ କିସ ?

ସୁଖ କି ସତରେ ଆସେ ଜୀବନରେ
ମୁଖେ ଉକୁଟିଲେ ହସ ?
ଲୁହ ଗଲେ ଝରି ହୃଦୟ ବିଦାରି
ଦୁଃଖ ହୁଏ କି ଶେଷ ?

ବିଧିର ବିଧାନ କିସ ?
କିଏ ବା ଜାଣିଛି ସେ ନିୟମ
ଯାହା ବିଷକୁ କରଇ ନାଶ ?

ସକାଳ କରେନା ଢ଼େରି

ସବୁଦିନ ପରା ରାତି ଆସେ...
ହେଲେ ସକାଳ କରେନା ଡେରି
ଦୁଃଖ ଆସିଲେ ଆସୁଥାଉ...
ହେଲେ ସୁଖ କିଆଁ ଯିବ ଫେରି ? ?

ସପନ ହୁଅଇ ଭଙ୍ଗା

ସମୟ-ଗଙ୍ଗା ଭସାଇ ନିଏ ତ
ଆଶାର କାଗଜଡ଼ଙ୍ଗା ।
ଜୀବନର ମୁହଁ ରଙ୍ଗା ପଡ଼ଇ
ସପନ ହୁଅଇ ଭଙ୍ଗା ।।

ଅତୀତ ଗୋ ତୁମେ

ଅତୀତ ଗୋ ତୁମେ
ହଜିଯାଇଥିବା ଦାମୀ ଏକ ଗଜମୋତି,
ସାଗର ବେଳାରେ ପାଦଚିହ୍ନଟେ...
କିଏ କହେ ତାକୁ 'ସ୍ମୃତି'।
ତୁମେ କି ସତରେ
ନିଦାଘପୀଡ଼ିତ ଦଗ୍‌ଧ ସେ ଫୁଲବନ !
ଅବା ପ୍ରେମହୀନ ଦୁନିଆଁରେ-
ଏକ ପୀରତି-ଆତୁର ମନ ?

ସବୁ କଣ୍ଠ ବି ଗୀତ ଗାଇପାରେ

ସବୁରି ନୟନେ ଆଶା ଉଙ୍କିମାରେ
ସବୁରି ପରାଣ ନୂଆ ଭାବିପାରେ ।
ସବୁରି ସପନ ସତ ହୋଇପାରେ
ସବୁରି ଚରଣ ବାଟ ଚାଲିପାରେ ।
ସବୁ ଅଧରୁ ବି ହସ ଝରିପାରେ
ସବୁ କଣ୍ଠ ବି ଗୀତ ଗାଇପାରେ ।

ଏମିତି ବି ହୁଏ

ଏମିତି ବି ହୁଏ...
ସାତପର ଯିଏ ରଖଇ ଜୀବନ ଆସି
ଆପଣା ମଣିଷ
ମୁଖେ ଦେଇ ବିଷ-
ପରାଣ ଦିଅଇ ନାଶି ।

ଦୁଃଖ ବେଳାରେ

ଦୁଃଖ ବେଳାରେ... ନିଜର ଲୋକ ବି
ଛପି ରହିଯାଏ କାହିଁ।
ଅଂଧାର ଥିଲେ 'ଛାଇ' ହୁଏ ପର
ଟିକେ ଦେଖାଦିଏ ନାହିଁ।

ମୋତେ ଗାଳିଦିଅ କିଆଁ ?

'ଦୁଃଖ' କହଇ, " ହେ ଜଗତ ଜନେ
ମୋତେ ଗାଳିଦିଅ କିଆଁ ?
ଏତେ ଭଲପାଅ 'ସୁଖ'କୁ ତ ତୁମେ
ତଥାପି କୁହ ହେ ଚିନ୍ତି ମରମେ...
ସେଇ 'ସୁଖ' କିବା ସଦା ତୁମ ପାଶେ
ସାଥି ହୋଇ ରହେ ଆହା !"

ବିଫଳତା ପାଇଁ କାହିଁକି ଡର ?

ଏମିତି ଜୀବନ ଅଛି କି କାହାର
ଅବସୋସ ନାହିଁ ଜୀବନେ ଯା'ର ?
ଏମିତି ଖେଳାଳୀ କିଏ ଅଛି... ଯିଏ
ହାରିନାହିଁ କେବେ ଗୋଟିଏ ଥର ?
ବିଫଳତା ପାଇଁ କାହିଁକି ଡର ? ?
ବିଫଳତା-ଶିଢ଼ି ଚଢ଼ି ସଫଳତା
ଆସେ ଜୀବନରେ ଅନେକ ବାର ।।

ଏଇ ତ ଜୀବନ-ରୀତି

ସୁଖର ସକାଳ କେବେ ଆସେ...
କେବେ ଆସେ ଦୁଃଖର ରାତି,
ଆଶାର ମୁକୁତା କେବେ ମିଳେ...
କେବେ ନିରାଶା ଥରାଏ ଛାତି

ଏଇତ ଜୀବନ-ରୀତି
ଚାଲିବାକୁ ହେବ ଲକ୍ଷ୍ୟ ପଥରେ
ତୁଟାଇ ମନରୁ ଭୀତି ।।

କେ' କହେ ସେ ପାପୀ ?

କେ' କହେ ସେ ପାପୀ...?
'ସାଧୁ' ଯେ ଲୁଚିଛି ତା'ର ଅନ୍ତର ତଳେ
କହି ପାରିବ କେ'...
ନହେବ ସେ କାଲି ବାଲ୍ମିକୀ କାଳ ବଳେ ? ? ?

ଶୁଣ୍ ମଣିଷ ଭାଇ

ଶୁଣ୍ ମଣିଷ ଭାଇ !
ପାଦ ସିନା ତୋର ଦୁଇ,
ବୁଲିବାକୁ ଅଛି ଚଉଦିଗେ ଦେଖ୍
ଏ ସାରା ବିଶ୍ୱ-ଭୂଇଁ ।।

ଏଇ ମାଟି ମୋର ସ୍ୱର୍ଗ

ଲୋଡ଼ା ନାହିଁ ମୋର ନିର୍ବାଣ ଜମା
ଏଇ ମାଟି ମୋର ସ୍ୱର୍ଗ
ଗାଉଚି, ଗାଇବି ମାଟିର ଗାଥା ମୁଁ
ଏଇ ମୋ ମୁକ୍ତି ମାର୍ଗ।
ଏଇ ମାଟି ମାଖି ମୁଣ୍ଡେ
ଶବ୍ଦ-ଭାବର ଧୂଳିଖେଳ ଖେଳେ
ଜୀବନର ବଡ଼ଦାଣ୍ଡେ।।

ନିଶା

କେତେ ବାଲିଘର ଧୋଇ ତ ନେଲାଣି
ଏ ସାଗର ଅମାନିଆ
ତଥାପି ମନରୁ ତୁଟୁନି ସେ ନିଶା
କିଏ କଲା ଏ କିମିଆଁ ??

କୋଉ ନୂଆ କଥା ଇଏ ?

ଜୀବନ ଥିଲେ ତ ଯନ୍ତ୍ରଣା ଥାଏ
ଗୋଲାପ ଥିଲେ ତ କଣ୍ଟା ବି ଥାଏ।
କୋଉ ନୂଆ କଥା ଇଏ ?
କୁହ କି କରିବ ଏତିକି କଥାକୁ
ନ ବୁଝଇ ଯଦି କିଏ।

କହିଲେ କହୁ ଏ ଦୁନିଆ

କହିଲେ କହୁ ଏ ଦୁନିଆ ତ ମୋତେ
'ଭୀରୁ' ଅବା 'କାପୁରୁଷ'
ଆଶା ଦେଇଥରେ ନିରାଶ କରିବା
ନୁହେଁ ମୋର ପଉରୁଷ।।

ଜୀବନରେ ତା'ର ଆଉ କି ଦକା ?

ଏଣ୍ଡୁଡ଼ିଶାଲୁ ଜୀବନ ଯାହାର
ଦୁଃଖ ନିଆଁରେ ହୋଇଚି ସେକା,
କି କରି ପାରିବ ଦୁଃଖ ତାହାର ?
ଜୀବନରେ ତା'ର ଆଉ କି ଦକା ? ?

ଏ କଥା ଅଛ କି ଜାଣି ?

ପଥର ପାଣିକୁ କାଟିପାରେ ନାହିଁ
ପଥରକୁ କାଟେ ପାଣି
ଯେ ଯେତେ କୋମଳ, ସେ ସେତେ ସବଳ
ଏ କଥା ଅଛ କି ଜାଣି ? ?

ଏତିକି ନଥିଲେ ହେଜି

ପାର କରିହୁଏ ସିନ୍ଧୁକୁ ସିନା
ବିନ୍ଦୁରେ ଖସେ ପାଦ
ତ୍ରୁଟି ହେଲେ ହେଉ କ୍ଷୁଦ୍ର... ତଥାପି
ଘୋଟି ଆସେ ପରମାଦ
ଉଚ୍ଚବଚନ ବୁଝ ବା ନ ବୁଝ
ନିରବତା ହୁଏ ବୁଝି
ପସ୍ତାଇବାକୁ ପଡ଼େ ଜୀବନରେ
ଏତକ ନଥିଲେ ହେଜି ।

ଦୁନିଆ

ଇଏ ତ ଦୁନିଆ... ଦୁଇ ପଟେ ନିଆଁ
ମଝିରେ ଭରିଛି ତାତି
ଏ ତାତିରେ କିଏ ପଡ଼ିଲେ ଝାଉଁଳି
କିଏ ପୁଣି ଉଠେ ମାତି ।

ଆଶା

ଦେହଥିବ ମରୁଭୂମେ
ମନ ଥିବ ଜଳେ
ଏହାକି 'ଆଶା'ର ନାମେ
ବିଦିତ ଭୂତଳେ ?

ଦୂବ ଓ ଦାରୁ

ଦାରୁକହେ, 'ମୁହିଁ ଆକାଶକୁ ଛୁଇଁ
ଜଗତେ ଉଠିବି ଝଳି।'
ଦୂବ କହେ, 'ମୋର ନିଖିଳ ଜନର
ଲୋଡ଼ା ଖାଲି ପଦ ଧୂଳି।'

ସମାଧାନ ତା'ର ସହଜ ନୁହଁ

ଜୀବନ ତ ଏକ ଏମିତି କବିତା
ଶେଷ ପଦ ଯା'ର ହୋଇନି ଲେଖା
ଜୀବନ ତ ଏକ ଏମିତି ନାଟକ
ଶେଷ ଦୃଶ୍ୟ ଯା' ହୋଇନି ଦେଖା।
ଜୀବନ ତ ଏକ ଏମିତି ଗଳ୍ପ
ଅନ୍ତ ତାହାର କେ'ଜାଣେ କୁହ
ଜୀବନ ତ ଏକ ଜଟିଳ ଗଣିତ
ସମାଧାନ ତା'ର ସହଜ ନୁହଁ।

ଅନୁଭବ

ଲୁହାର ଓଜନ ସହି ହୁଏ...
ହେଲେ ଲୁହର ଓଜନ କାଟେ
ତରବାରୀ ଯାହା ନ ପାରଇ କରି
ହୁଏ ତା' ଶାନ୍ତି ବାଟେ।।

ଏକଥା ବୁଝେ କି ମନ ?

ନିଦାଘର ଶେଷେ ବରଷା ଆସଇ
ଶୀତପରେ ମଧୁମାସ,
ବେଦନାର ଦିନେ ଅନ୍ତ ଘଟାଇ
ଓଠରେ ଉକୁଟେ ହସ ।
ଏ କଥା ବୁଝେ କି ମନ ?
ବୁଝି ପାରୁଥିଲେ ଏ ଜୀବନେ ସତେ
ଥା'ନ୍ତା କି ଅଭିମାନ ??

ଭୋକ

ଗରିବର ଭୋକ... ଭାତ ମୁଠେ ପାଇଁ
ମନଭୋକ ଖୋଜେ ମନ
ଧନିକର ଭୋକ ଦୁନିଆଟା ପାଇଁ
ମେଣ୍ଟେନା କେଉଁ ଦିନ ।।

ଚରୈବେତି

ବାଧାବନ୍ଧନ କି କରିବେ ତାର
ଚାଲିବାକୁ ଯା'ର ଆତୁର ମନ ?
ବିପଦ କି କେବେ ରୋଧିପାରେ ପଥ
ଚାଲିବାକୁ ଥରେ କରିଲେ ପଣ ? ?

ମିନତି

'ମାନବିକତା' କୁ କରନା ବନ୍ଦୀ
ରୁକ୍ଷ ଧର୍ମ କାରାରେ
ପୀରତି କୁ ତୁମେ ଦିଅନା ଛନ୍ଦି
ଅନ୍ଧ ନିୟମଧାରାରେ ।।

ଅଭିନୟ

ସବୁକଥା ଖୋଲି କହିହୁଏ ନାହିଁ
କିଛି ରହିଯାଏ ବାକି,
ସବୁ ଲୁହ କେବେ ବହିଯାଏ ନାହିଁ
କିଛି ପିଇଯାଏ ଆଖି ।
ସବୁ ସୁଖ ବେଳେ ହସ ଭରେ ନାହିଁ
ସବୁ ଦୁଃଖ ବେଳେ ଲୁହ ଝରେ ନାହିଁ
ଖୋଲା ମଞ୍ଚରେ ଅଭିନୟ ଚାଲେ,
ମୁଖରେ ଛଳନା ମାଖି ।

ମିଛ ଦୁନିଆଁର ସତ

ଆଜିର ପରବ କାଲିକୁ ନଥାଏ
ଆଜିର ଗରବ ନଥାଏ କାଲି,
ଧନ ସନମାନ ଯାହା ମିଳେ ଆଜି
'ସ୍ମୃତି' ତ ସେ ସବୁ ପାଲଟେ କାଲି।
ଥିର କିଛି ନୁହେଁ ଏଇ ଦୁନିଆରେ
ସବୁ ହୁଏ ଦିନେ ଗତ,
ମନକୁ ବୁଝାଇ ମନେରଖ... ଏ ତ
ମିଛ ଦୁନିଆର ସତ।

ବଡ଼ ଦୁଃଖ

କେତେ ଦୁଃଖ ଅଛି ଏଇ ଜୀବନରେ
ସେ ସବୁକୁ ଏତେ ଭାବୁଛି କିଏ ?
ସବୁ ଦୁଃଖଠାରୁ ବଡ଼ ଦୁଃଖଟିଏ
ଏ ମଣିଷ ଯେବେ 'ଅଲୋଡ଼ା' ହୁଏ ।

ସେ ସୁଖ ଅସଲି ନୁହଁ

ଦରପଣେ ମୁଖ ଦିଶିଥାଏ ସିନା
ତହିଁରେ କି ଥାଏ ମୁହଁ ?
ସଂସାରରେ ଯେଉଁ ସୁଖ ଜଣାପଡ଼େ
ସେ ସୁଖ ଅସଲ ନୁହଁ।

ମହାସାଗରଟେ ସମ...

ବୁନ୍ଦାଏ ଜୀବନ ନେଇ ବଂଚେ ସିନା ନର
'ମହାସାଗର'ଟେ ସମ ଅହଂକାର ତାର ।।

ଜୀବନଟା ଏକ...

ଜୀବନଟା ଏକ ଗୀତ...
ଗାଇଚାଲ... ଗାଇ ଚାଲ
ଜୀବନ ସମର ଏକ
ଲଢ଼ିଚାଲ... ଲଢ଼ିଚାଲ ।

ଆମେ ଆଖି ନ ଖୋଲିଲେ

ଅନ୍ଧାର କେବେ ହଟିଯାଏ ନାହିଁ
ସୂର୍ଯ୍ୟ ଉଦୟ ହେଲେ
ଆଲୁଅ କେବେ କି ଆସିପାରେ ପାଖେ
ଆମେ ଆଖି ନ ଖୋଲିଲେ ?

ଦେଖିଛ କି କିଏ ଦିନେ ?

ଯନ୍ତ୍ରଣା କିବା ଖାଲି ରହିଥାଏ
ଅଶ୍ରୁରେ ଅବା ମନେ ?
ହସରେ... ଖୁସିରେ ଛପି ବି ଥାଏ ସେ
ଦେଖିଛ କି କିଏ ଦିନେ ? ?

ମଣିଷ ଟି ଯେବେ ଯାଏ ଦୂରେ

ସବୁ ଜିନିଷର ମୂଲ ଜଣାପଡ଼େ
କିଣିକି ଆଣିଲେ ପାଶେ
ମଣିଷଟି ଯେବେ ଯାଏ ଦୂରେ...
ତା'ର ମୂଲଟି ଆମକୁ ଦିଶେ

ହେ ଜୀବନ !

ହେ ଜୀବନ ! ତୁମେ ନିତ୍ୟ-ନୂତନ
ହେଲେ ବି ସବୁଠୁ ପୁରୁଣା
ସମୟ ସୁଅରେ ଝରିଯାଉ ଥାଅ
ସତେ ଅବା ବନ-ଝରଣା ।
କେତେ ବିଚିତ୍ର ସ୍ମୃତିରେ ତୁମର
କଳେବର ସତେ ଭରା ହେ !
ତୁମରି ତୁଳନା ନାହିଁ ଏ ଜଗତେ
ତୁମରି ତୁଳନା ତୁମେ ହେ !

ଜୀବନ

ବିନା ଚାଟଶାଳୀ... ବିନା ବହିରେ ଯେ
'ପାଠ' ଟି ପଢ଼ାଇଥାଏ
ଅତୁଳନୀୟ ସେ ଗୁରୁଜୀଙ୍କୁ ପରା
'ଜୀବନ' ହିଁ କୁହାଯାଏ।

ହସ ହେ ବନ୍ଧୁ !

ହସ ହେ ବଂଧୁ ! ମଧୁର ହସଟେ
ଥିଲେ ଥାଅ ଦୁରୁଦିନେ
ଏ 'ହସ' କହିବ 'ଆଶା'ର ବାରତା
ନିରାଶ-ଦୁନିଆଁ କାନେ ।

କେହି କହିପାରେ ନାହିଁ

ସମ୍ଭାବନାରେ ଭରା ଏ ଜୀବନ
ସୀମା କିଛି ତା'ର ନାହିଁ
କେଉଁ କାମଟିରେ କି ଫଳ ମିଳିବ
କେହି କହିପାରେ ନାହିଁ।

କାହାକୁ କି ଭଲଲାଗେ ?

ସଭିଏଁ କହନ୍ତି... 'ସତ' କୁହ ସଦା
ବଡ଼ବାଗେ ଅନୁରାଗେ
ସତରେ କି 'ସତ' ଶୁଣିବାକୁ କୁହ
କାହାକୁ କି ଭଲଲାଗେ ?

ଜୀବନ କୁ ସୁଖୀ କରିବା ପାଇଁ କି

ଜୀବନକୁ ସୁଖୀ କରିବା ପାଇଁ କି
ବେଶି କିଛି ଲୋଡ଼ା ନାହିଁ
କାହାଠାରୁ କିଛି ଆଶା କରିବାଟା
ଖାଲି ଛାଡ଼ିଦିଅ ଭାଇ !

ଅତି ବଡ଼ ଉପହାର

ମନର ଶାନ୍ତି ଜୀବନେ ଆମର
ଅତି ବଡ଼ ଉପହାର
ସେତିକି ମିଳିଲେ... ଆଉ କିଛି ପାଇଁ
ଅଭିଳାଷ ପରିହର।

ଫୁଲ କେବେ ନାହିଁ ଜାଣେ

ସକାଳ-ସଂଜେ ଅବା ଆନ କାଳେ
ଫୁଲ କେବେ ନାହିଁ ଜାଣେ
ଯିବ ଯିଏ ଦେବମନ୍ଦିରେ ଅବା
ଶବ ସହ ଶମଶାନେ ।।

କାହାଣୀ କହୁଚି ଖପୁରୀ

କାହାଣୀ କହୁଛି...
ଖପୁରୀ
ବହୁକାଳ ସିନା କଲି ମୁଁ ଅୟସ,
ଦେଖିଲି ଫୁଲ ମୁଁ... ଦେଖିଲି ପାଉଁଶ
ବୁଝି ନ ପାରିଲି ଏଇ ଦୁନିଆକୁ...
ଆହୁରି।।

ଜୀବନ ତାହାର ସଫଳ...

ଜୀବନ ତାହାର ସଫଳ ହେ ଭାଇ !
ହସିଛି ଯେ ମନ ଭରି
ସଭିଙ୍କୁ ଯଦି ସେ ଭଲ ପାଉଥାଏ
କୁହ କିଏ ତା'ର ସରି ?

ଜୀବନର ନଈ

ଜୀବନର ନଈ ଯାଏ ବହି... ତାର
ନିଜସ୍ୱ ପଥ ଦେଇ
ସମସ୍ୟାକୁ ତ ଆମେ ଡାକିଆଣୁ
ତା'ର ଗତି ବଦଳାଇ।।

ଆଲୋକ କରଇ ଦାନ

କହେ ନାହିଁ କଥା
ଜଳେ ଖାଲି ଦୀପ
ଆଲୋକ କରଇ ଦାନ
ଅଂଧାର ସହ
ଯୁଝି ଯୁଝି ତାକୁ
ହରାଇବା ତା'ର ପଣ।।

BLACK EAGLE BOOKS

www.blackeaglebooks.org
info@blackeaglebooks.org

Black Eagle Books, an independent publisher, was founded as a nonprofit organization in April, 2019. It is our mission to connect and engage the Indian diaspora and the world at large with the best of works of world literature published on a collaborative platform, with special emphasis on foregrounding Contemporary Classics and New Writing.

www.ingramcontent.com/pod-product-compliance
Lightning Source LLC
Chambersburg PA
CBHW060611080526
44585CB00013B/774
9781645604693